Impressum

© 2015 Peanuts Worldwide LLC
© 2015 Twentieth Century Fox Film Corporation. All rights reserved.
Lizenz durch: Team! Licensing GmbH • Hans-Sachs-Straße 20 • D-80469 München

© 2015 Kids & Concepts GmbH • Senefelderstraße 22 • D-70176 Stuttgart

Konzeption und Text: Judith Hüller
Lektorat: Bianca Drotleff, Stefanie Kern, Cora Friedrich • Kids & Concepts GmbH
Grafik und Satz: Irene Justine Hercka

ISBN 978-3-86318-276-2

Gedruckt in Deutschland

www.friendz-verlag.de

DIE PEANUTS
DER FILM
by SCHULZ

Das Buch zum Film

Inhaltsverzeichnis

Alles über die Peanuts

Charlie Brown

Er ist der liebenswerte Pechvogel im gelben Zick-Zack-Shirt, der niemals aufgibt – obwohl er eigentlich immer verliert. Auf der ganzen Welt ist seine Baseball-Mannschaft gewiss das schlechteste Team. Noch nie hat es ein Spiel gewonnen. Wenn Charlie Brown einen Drachen steigen lässt, endet das stets im Chaos und im drachenfressenden Baum. Seinen ziemlich verrückten Hund Snoopy mag er sehr und auch seine Freunde, obwohl sie ihm oft Streiche spielen. Eines ist jedoch sicher: Trotz aller Niederlagen wird Charlie Brown nie seinen Glauben an das Gute verlieren.

Snoopy

Der weltberühmte Beagle ist ein Meister der Verkleidung. Normales Hundeverhalten ist nicht sein Ding. Viel lieber sitzt er auf seiner Hunde-hütte und schreibt an seinem Roman. Dabei verwandelt sich Snoopy in das Fliegerass des Ersten Weltkriegs, das gegen den Roten Baron kämpft. Außerdem will er das Herz der französi-schen Pudeldame Fifi erobern. Doch egal, wohin Snoppy seine Fantasie treibt: Am Ende kehrt er immer wieder zu Charlie Brown zurück.

Woodstock

Der kleine gelbe Vogel ist Snoopys bester Freund. Als treuer Gefährte steht er ihm in allen Lebenslagen zur Seite – ob als Mechaniker oder als Sekretär. Snoopy ist zudem der Einzige, der Woodstocks Sprache versteht.

Lucy

Lucy ist eine Weltmeisterin im Dauermeckern und kann andere richtig zur Schnecke machen. Besonders auf Charlie Brown und ihren kleinen Bruder Linus hat sie es oft abgesehen. Außerdem besitzt Lucy einen Verkaufsstand, an dem sie für fünf Cent psychologische Ratschläge erteilt. Eine Schwachstelle hat Lucy allerdings: Sie ist in Klavierspieler Schroeder verliebt, obwohl er sie wie Luft behandelt.

Linus

In ihm steckt wirklich ein Philosoph, der wie sein Freund Charlie Brown an das Gute in der Welt glaubt. Linus liebt seine Schmusedecke über alles, denn mit ihr fühlt er sich sicher. Für seine Freunde hat er immer einen weisen Rat oder ein liebes Wort parat, sogar für seine rechthaberische Schwester Lucy.

Sally

Die kleine Schwester von Charlie Brown hasst die Schule. Zudem scheint Sally von vielen Dingen verwirrt, die das Leben mit sich bringt. So himmelt sie Linus an – doch der mag es gar nicht, wenn Sally ihn Schnuckiputzi und Bambusbärchen nennt. Sallys Stimmung kann sehr schnell wechseln. Manchmal ist sie der größte Fan ihres Bruders, dann wiederum ist es ihr peinlich, dass sie beide überhaupt miteinander verwandt sind.

Schroeder

Am Klavier ist Schroeder ein Wunderkind. Er verehrt den Komponisten Beethoven aus tiefstem Herzen. Wenn Schroeder seine Stücke spielt, vergisst er alles um sich herum – auch Lucy, die ihm mit ihrer Schwärmerei ziemlich auf die Nerven geht. Neben der Musik versucht sich Schroeder in Charlie Browns Baseball-Mannschaft, ist dort jedoch nur wenig erfolgreich.

Peppermint Patty

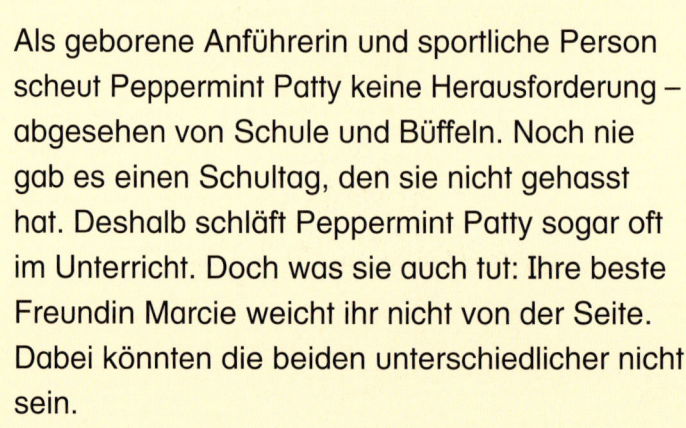

Als geborene Anführerin und sportliche Person scheut Peppermint Patty keine Herausforderung – abgesehen von Schule und Büffeln. Noch nie gab es einen Schultag, den sie nicht gehasst hat. Deshalb schläft Peppermint Patty sogar oft im Unterricht. Doch was sie auch tut: Ihre beste Freundin Marcie weicht ihr nicht von der Seite. Dabei könnten die beiden unterschiedlicher nicht sein.

Marcie

Im Gegensatz zu ihrer besten Freundin Peppermint Patty interessiert sich Marcie überhaupt nicht für Sport. Sie ist gut in der Schule und kennt auf alle Fragen die richtige Antwort. Mit ihrer freundlichen, großzügigen Art würde sich Marcie nie in den Vordergrund drängen. Das macht sie zur treusten Gefährtin, die man sich nur wünschen kann.

Franklin

Er gehört zu den wenigen, die sich niemals über Charlie Brown lustig machen. Franklin ist stets aufmerksam und freundlich. Kein Wunder, dass er somit bei allen Schulfesten die Leitung und Moderation auf der Bühne übernimmt.

Pig Pen

Er fühlt sich wohl in seiner Haut, obwohl er Dreck anzieht wie ein Magnet. Irgendwie ist Pig Pen immer von einer Staubwolke umgeben. Für ihn ist es das Normalste der Welt.

Ein schulfreier Schneetag

Dicke Schneeflocken rieseln herab, als am Morgen in der gesamten Nachbarschaft die Wecker klingeln. Im Haus von Charlie Brown schrillt obendrein das Telefon. Sally ist zur Stelle, nimmt den Hörer ab und lauscht der Stimme am anderen Ende.

„Schneetag!", jubelt Sally und macht einen Luftsprung.

„Keine Schule heute!"

Diese Nachricht spricht sich im Nu herum. Unter lautem Johlen verlassen die Kinder ihre Häuser, ausgestattet mit Schlittschuhen und Eishockey-schlägern. Jetzt können sie den Winter endlich richtig genießen. Aufgeregt reden alle durcheinander.

„Franklin und Peppermint Patty sind in meinem Team", beschließt Lucy.
„Wer hat den Puck?", fragt Peppermint Patty.
Nur Pig Pen wundert sich. Wo bleibt Charlie Brown so lange? Immer wieder rufen sie seinen Namen. Doch Charlie Brown wühlt noch in seinem Kleiderschrank und sucht Winterklamotten. Als er endlich vor die Haustür tritt, ist der Gehweg leer. Seine Freunde sind bereits ohne ihn losgezogen. Er seufzt. Da bemerkt Charlie Brown ein Blatt, das friedlich in der Luft tanzt. Sofort hellt sich seine Miene auf.
„Dieser Tag könnte es sein", murmelt er.

Und so steckt Charlie Brown wenig später einen Drachen in den glitzernden Schnee. Ein neuer Drachen, eine sanfte Brise – es fühlt sich alles so richtig an. Vielleicht gelingt ihm heute, was er noch nie in seinem Leben geschafft hat! Zumal der drachenfressende Baum gerade Winterschlaf hält. Charlie Brown wickelt die Schnur um seine Hand und rennt los, so schnell er kann. Zunächst schleift er den Drachen nur hinter sich her durch den Schnee. Dann jedoch wirbelt der Wind ihn endlich empor.

„Er ist in der Luft!" Charlie Brown kann es selbst kaum glauben.

„Leute – seht doch! Seht! Ich habe es geschafft!"

Plötzlich schlingt sich die Schnur um seine Beine. Oh nein! Charlie Brown rutscht aus und schlittert den verschneiten Hang hinab zur Eisfläche. Dort landet er direkt vor Linus.

„Hey Charlie Brown! Du bringst den Drachen noch immer nicht zum Fliegen, was?", sagt Linus und kuschelt sich an seine heißgeliebte Schmusedecke. „Vergiss nicht: Es zählt allein, niemals aufzugeben!"

Kaum hat Linus seinen philosophischen Rat ausgesprochen, trägt eine Windböe den Drachen wieder in den Himmel. Nur leider wird Charlie Brown mitgerissen. Schwungvoll kracht er auf der Eisfläche in Lucy, die gerade ihren berühmten dreifachen Axel vorführen will. Rums! Nun hat der Flug endgültig ein Ende. Kopfüber hängt Charlie Brown im drachen-fressenden Baum.

„Ich hätte es wissen müssen", meint Lucy und tritt an ihn heran. „Wer würde jemals versuchen, einen Drachen mitten im Winter steigen zu lassen? Weißt du nie, wann man besser aufgeben sollte? Du wirst niemals einen Drachen steigen lassen. Warum? Weil du Charlie Brown bist."

Nach ihrer vernichtenden Ansage gibt sie Charlie Brown einen Schubs, sodass er verschnürt im Baum hin und her pendelt. Zum Glück ist Linus zur Stelle.

„Danke, Linus", sagt Charlie Brown. „Was würde ich nur ohne einen guten Freund wie dich tun?"

Mittlerweile herrscht auf der Eisfläche wieder reges Treiben. Charlie Brown sitzt etwas abseits und denkt über Lucys Worte nach.

„In der Vergangenheit hatte ich womöglich einige Schwierigkeiten", gibt er zu. Damit meint er nicht nur die missglückten Versuche, einen Drachen steigen zu lassen. Ein Baseballspiel hat er auch noch nie gewonnen.

Na und? Er darf nur nicht aufhören, es weiterhin zu probieren. Womöglich wird dieser Tag doch noch ein Erfolg.

Auf dem Baseballfeld baut Charlie Brown einen Schneemann. Diesen stattet er mit Mütze und Schläger aus, ehe er sich in Position bringt für einen alles entscheidenden Wurf.
Snoopy spielt den Trainer und gibt letzte Anweisungen. Dann endlich holt Charlie Brown mit einem Schneeball aus, wirft und – zack!

Der Ball kommt tatsächlich zurück und reißt Charlie Brown mit voller Wucht um. Es ist doch wirklich nicht zu glauben. Niedergeschlagen starrt Charlie Brown in den Himmel. „Das wird ein langer Winter."

Da hört er eine Hupe. Ein großer Umzugswagen rollt heran und hält bei einem Haus nahe dem Baseballfeld. Neugierig hebt Charlie Brown den Kopf. Bekommt er etwa neue Nachbarn? Auch seine Freunde sind mit einem Mal ganz aufgeregt.

„Hey Leute, seht!", ruft Franklin. „Da zieht ein neues Kind ein." Sofort versammeln sich alle an einem Holzzaun und kämpfen um die beste Position. Jeder will einen Blick auf den unbekannten Bewohner werfen. Charlie Brown drängelt sich in die Menge.

„Was seht ihr?", fragt er. „Wer ist es?"
„Ich glaube, ich sehe ein Klavier", meint Schroeder erfreut. „Ich hoffe, er mag Beethoven."
Lucy ist Beethoven egal. „Vielleicht weiß er meine natürliche Schönheit zu schätzen", hofft sie.

„Wen interessiert das denn?", widerspricht Peppermint Patty. „Solange er ein besserer Tormann ist als Marcie."
Charlie Brown hat dagegen andere Sorgen. Immer mehr Bilder aus der Vergangenheit tauchen in seinem Kopf auf und erinnern ihn an all seine Missgeschicke.
„Ich hoffe nur, das neue Kind hat nie von mir gehört und weiß nichts von meiner bisherigen Unvollkommenheit", meint er und schöpft neue Hoffnung. „Es passiert nicht oft, dass du die Chance bekommst, mit einer weißen Weste neu anzufangen. Dieses Mal werden die Dinge anders laufen."

Nachdenklich lehnt sich Charlie Brown nach vorne. Krach! Alle Latten des Zauns fallen wie Dominosteine zu Boden und die Kinder stehen plötzlich ohne Deckung da. „Er war's!", rufen die anderen noch, ehe sie eilig davonrennen.

Abends im Bett hat Charlie Brown diesen Moment am Gartenzaun noch immer nicht vergessen. Warum hat er manchmal den Eindruck, dass ihn niemand so richtig mag? Nur Snoopy ist eine Ausnahme. Sein treuer Hund ist immer für ihn da, hört ihm zu und zieht ihm gerade gähnend die Bettdecke weg. Na toll!
„Vielleicht sieht mich das neue Kind, wie ich wirklich bin", sagt Charlie Brown leise und kuschelt sich in sein Kissen.

Die neue Mitschülerin

Auf den herrlichen Schneetag folgt leider wieder ein ganz normaler Schultag. Während die Kinder ins Gebäude strömen, verabschiedet sich Charlie Brown von Snoopy.

„Du kannst nicht mit in die Schule, Snoopy", sagt er. „Nun sei ein guter Hund und geh nach Hause!"

Ein guter Hund? Snoopy denkt gar nicht daran. Sogleich versucht er, sich unbemerkt unter die Schüler zu mischen. Zur Tarnung trägt er ein Buch unter dem Arm, dazu eine Brille und eine übergroße Fliege – jedoch ohne Erfolg.

„Hunde sind nicht erlaubt", meint Franklin streng und schlägt Snoopy die Tür vor der Nase zu.

Im Klassenzimmer speku-
lieren alle über den neuen
Bewohner in ihrer Nach-
barschaft. So drehen sie
neugierig ihre Köpfe, als
jemand …
Falscher Alarm! Da kommt
nur Charlie Brown.

Schließlich betritt die Leh-
rerin den Raum und alle nehmen ohne Eile ihre Plätze ein. Alle außer
Peppermint Patty. Die sitzt schon lange auf ihrem Stuhl und schläft.
Marcie startet einen Weckversuch. Peppermint Patty fährt hoch. „Zwei!
Drei!", brüllt sie zur Sicherheit, als hätte sie mal wieder eine Mathefrage
verpasst. „War ich dicht dran?"
„Der Unterricht hat noch nicht angefangen", beruhigt Marcie ihre Freundin.
Bevor es losgeht, hat die Lehrerin noch etwas mitzuteilen. Ab sofort
wird es eine neue Mitschülerin in der Klasse geben. Prompt erscheint
ein kleines rothaariges Mädchen in der Tür.
„Wow!", rutscht es Schroeder
heraus. „Wie hübsch sie ist!"
„So hübsch nun auch wieder
nicht", widerspricht Lucy eifer-
süchtig. Doch Charlie Brown
sieht das anders. Seine Wan-
gen glühen. Fasziniert starrt
er das Mädchen an, bis …
Oh nein! Schnell geht er hinter
seiner Schulbank in Deckung.

Dabei klopft sein Herz wie wild. „Sie hat mich angesehen", flüstert er. Leider hat die Lehrerin eine weitere Überraschung. Alle stöhnen auf. Niemand möchte den jährlichen Standardtest schreiben. Aber jeder Widerstand ist zwecklos. Zettel werden verteilt und Charlie Brown liest sich die Aufgaben durch.

Frage eins: Wenn du sechs rote Tomaten hast und … Rot! Dieses Wort allein genügt und seine Gedanken kreisen wieder um das kleine rothaarige Mädchen. Wie soll er sich nur auf diesen Test konzentrieren?

Peppermint Patty steht der Sinn auch nicht nach Schulkram. Lustlos kritzelt sie auf ihrem Papier herum, um anschließend eine Runde zu schlafen.

Snoopy hat es mittlerweile unbemerkt ins Klassenzimmer geschafft und sich mit einem Jo-Jo aus einer Deckenluke abgeseilt. Sein Triumph ist jedoch kurz. Als Lucy ihn entdeckt, befördert sie ihn auf der Stelle nach draußen und direkt in einen Müllcontainer. „Keine Hunde!", ruft Lucy ihm noch nach.

Unterdessen geben die ersten Schüler ihre Arbeiten ab. Auch das kleine rothaarige Mädchen läuft zum Pult. Dabei fällt ihr rosafarbiger Stift zu Boden und rollt direkt auf Charlie Brown zu. Ehrfürchtig hebt er ihn auf. Da sind ja Zahnabdrücke!

„Sie kaut auf ihrem Stift, wie ich es tue", freut sich Charlie Brown. Das muss ein Zeichen sein. Sie beide haben etwas gemeinsam. Dann reißt ihn die Lehrerin aus seinen Träumen. Charlie Brown erschrickt. Nur noch eine Minute! Wie verrückt setzt er Kreuzchen bei irgendwelchen Antworten. Er und Peppermint Patty sind die Letzten, die zum Pult rennen. Rums! Beim Zusammenprall wirbeln ihre Blätter in die Luft.

Schnell schnappen sie sich die Zettel wieder und notieren noch ihren Namen darauf. Ein Kampf entbrennt. Jeder will seinen Test unter den des anderen schieben. Dabei berühren sich ihre Hände.

Peppermint Patty grinst. „Versuchst du gerade, meine Hand zu halten, du Schlaukopf?"

Charlie Brown läuft knallrot an, springt einen Schritt zurück und rumpelt gegen einen Tisch, ausgerechnet vor den Augen des kleinen rothaarigen Mädchens. Ihr Blick ist zu viel für ihn. Mit einem Aufschrei rennt er aus dem Klassenzimmer.

In diesem Zustand ist er zweifellos ein Fall für die Schulkrankenschwester. Im Wartezimmer hängt er seinen Gedanken nach. Schließlich vertraut er sich seinem Sitznachbarn an.

„Hattest du jemals das Gefühl, dass du nicht aufhören kannst zu lächeln?", fragt Charlie Brown. „Dein Herz hämmert in deiner Brust. Du versuchst zu stehen, doch deine Knie werden weich. Und dann wirft dir dieses kleine rothaarige Mädchen einen Blick zu und alle Möglichkeiten des Lebens werden mit einem Mal so klar. Und dann begreifst du: Sie hat keine Ahnung, dass du überhaupt existierst."

Wenig später folgt der nächste Test für seine Nerven, nämlich als das kleine rothaarige Mädchen den Schulbus betritt.
In der letzten Reihe atmet Charlie Brown einmal ganz tief durch. Mutig räumt er seine Bücher beiseite, sodass der Platz neben ihm frei wird. Hoffentlich setzt sich die neue Mitschülerin zu ihm. Oder lieber doch nicht?

In Charlie Brown steigt Panik auf. Das kleine rothaarige Mädchen kommt immer näher. Sie wählt tatsächlich die hinterste Bank. Nur fehlt hier inzwischen jede Spur von Charlie Brown, der gerade auf allen vieren kriecht und in den vorderen Teil des Busses flüchtet.

An der Haltestelle stürzt er ins Freie und sucht Schutz hinter Snoopys Hundehütte. Dann riskiert er einen vorsichtigen Blick. Auf dem Gehweg entdeckt er das kleine rothaarige Mädchen. Charlie Brown lächelt verzückt. Schnell huscht er ins Haus. Von seinem Zimmer aus kann er sie viel besser beobachten, zudem heimlich und unbemerkt.

„Was siehst du dir an, großer Bruder?", fragt Sally.
Da bemerkt sie das kleine rothaarige Mädchen, das soeben ihr neues Zuhause betritt.
Sally versteht sofort. „Ohhh!", sagt sie begeistert. „Du bist verliebt!"

Verliebt?! Bei diesem Wort rattert es in Snoppys Kopf augenblicklich los. Wenn das nicht das perfekte Thema für einen Roman ist …

Snoopys erstes Kapitel

Verliebt! Auf diese Eingebung hat Snoopy gewartet. Schon seit Langem träumt er davon, einen Roman zu schreiben. Und wie der Zufall es so wollte, hatte er vorhin im Müllcontainer eine Schreibmaschine gefunden. Auf dem Dach seiner Hundehütte macht er sich ans Werk. Er legt ein neues Blatt ein und beginnt, voller Leidenschaft zu tippen.

Kapitel eins: Dies war die größte Liebesgeschichte, die jemals erzählt wurde.

»Am Himmel tauchte ein weißes Flugzeug auf, das eine Rauchwolke hinter sich herzog. Jetzt gab es für den Piloten nur noch eine Möglichkeit: eine Notlandung auf dem nächstbesten Flugplatz. Vom Boden aus beobachtete das Fliegerass aus dem Ersten Weltkrieg die Ankunft der Maschine. Als der Pilot ausstieg und seine Mütze abnahm, verschlug es dem Fliegerass die Sprache. Eine wunderschöne Pudeldame kam zum Vorschein.

Ihr Name war Fifi. Sie war das Schönste, was er jemals gesehen hatte. Nicht nur ihr Aussehen war beeindruckend. Geschickt machte sich Fifi daran, ihr Flugzeug selbst zu reparieren. Hingerissen verfolgte das Fliegerass jede Bewegung. Womit konnte er nur ihre Aufmerksamkeit gewinnen? Vielleicht sollte er ihr seine eigene Maschine präsentieren. Nur leider war sein Hundehüttenflugzeug gerade in der Werkstatt. Chefmechaniker Woodstock und sein Team taten ihr Bestes, schraubten hier und schraubten da, um es wieder flottzukriegen. Beim Propellertest bekam das Fliegerass eine Ladung Ruß ab. Sein Anblick brachte Fifi zum Lachen. Wie herrlich ihr Lachen war! Doch so schmuddelig konnte das Fliegerass in ihrer Gegenwart unmöglich bleiben. Schnell rubbelte er sich den Schmutz vom Körper und wollte für Fifi noch Blumen pflücken. Jedoch kam er mit diesem Geschenk zu spät. Fifi saß schon wieder in ihrem weißen Flugzeug, rollte zur Startbahn und erhob sich in die Lüfte. Sehnsüchtig blickte das Fliegerass ihr nach – so lange, bis sie am abendroten Horizont verschwand, inmitten einer herzförmigen Wolke.«

Liebeslektionen von Profis

*I*mmerzu denkt Charlie Brown an das kleine rothaarige Mädchen. Soll er ihr ein Willkommensgeschenk bringen? Pralinen? Oder besser Obstkuchen? Vielleicht mag sie aber auch Kätzchen. Blöde Idee!

Da drückt Snoopy ihm eine Blume in die Hand. Dieses Geschenk könnte funktionieren. So ausgerüstet läuft Charlie Brown schnell zum Haus auf der anderen Straßenseite. „Ich werde gleich mit dem kleinen rothaarigen Mädchen sprechen", freut er sich.

An der Türschwelle verlässt ihn jedoch der Mut. Abrupt wendet er sich zum Gehen, doch Snoppy schreitet ein und schiebt sein Herrchen zurück zum Eingang. Oh ja, es gibt nur einen, den man in so einem Moment an seiner Seite haben möchte – seinen treuen Hund. Zitternd streckt Charlie Brown die Finger in Richtung Klingel. Schweißtropfen stehen ihm auf der Stirn. Dieser Schritt ist einfach zu viel für seine Nerven. Ding-dong! Kurzerhand hat Snoopy für ihn geklingelt. Charlie Brown schreit auf, erfüllt von grenzenloser Panik.

Als das kleine rothaarige Mädchen öffnet, ist niemand mehr zu sehen. Zitternd kauert Charlie Brown im Gebüsch vor ihrem Eingang. Das ist gerade noch einmal gut gegangen. Oder eben nicht. Er braucht dringend den Rat eines Profis.
Wie so oft sitzt Lucy an ihrem Verkaufsstand. Psychologische

Ratschläge erteilt sie hier für fünf Cent. Charlie Brown nimmt ihr gegenüber Platz. „Ich brauche einen Rat über Mädchen, Lucy", gesteht er. „Du bist ein Mädchen, richtig?"

Daraufhin ändert sich schlagartig Lucys Miene.

„Da gibt es ein Mädchen, das ich beeindrucken möchte", redet Charlie Brown schnell weiter. „Aber sie ist wer und ich bin nichts."

Wenn es doch nur anders wäre! Bestimmt könnte er sie ansprechen, wenn er toll wäre und sie nicht. Oder wenn sie beide nichts zu bieten hätten. So jedoch ist die Lage verzwickt.

„Sie hat ein hübsches Gesicht", ergänzt er noch. „Und hübsche Gesichter machen mich nervös."

„Hübsches Gesicht? Hübsches Gesicht?", wiederholt Lucy und ihre Stimme nimmt bedrohlich an Lautstärke zu. „Ich habe ein hübsches Gesicht! Wie kommt es, dass dich mein hübsches Gesicht nicht nervös macht? Wie kommt es, dass du mit mir reden kannst, Charlie Brown?"

Jetzt hatte sie sich in Rage gebrüllt. Schnell zückt Lucy einen Handspiegel und kontrolliert ihre Frisur. Unruhig rutscht Charlie Brown auf seinem Stuhl herum. Er will doch nur wissen, wie er das Herz eines Mädchens gewinnen kann. Daraufhin hält ihm Lucy schonungslos den Spiegel vor die Nase.

„Das ist ein klassisches Versagergesicht", sagt sie. „Glaubst du, Mädchen mögen Versager, Charlie Brown?"

Charlie Brown lässt die Schultern hängen. Die Antwort auf diese Frage lautet bestimmt Nein.

„Mädchen wollen jemanden mit nachgewiesenem Erfolg", erklärt Lucy weiter. „Hast du jemals einen Preis gewonnen? Etwa eine Ehrenmedaille? Oder einen Nobelpreis?"

Charlie Brown schrumpft immer mehr.
Leider bleibt Lucy bei ihrer Ansage:
Mädchen kann er nur mit Erfolg
beeindrucken. Dazu überreicht sie
ihm die passende Lektüre: „10 Wege,
ein Gewinner zu werden".

„Ein Gewinner?" Unsicher blättert
Charlie Brown durch das Buch. „Ich?"

„Wir wissen alle, dass du unmöglich irgendetwas je gewinnen kannst", holt Lucy ihn zurück auf den Boden der Tatsachen. „Das macht fünf Cent." An dieser Stelle ist die psychologische Sitzung beendet. Mit dem Buch unter dem Arm kehrt Charlie Brown nach Hause zurück. Neugierig beginnt er zu lesen.

Schritt eins: Vergiss alles, was du je über dich selbst gewusst hast!
Okay. Das scheint machbar. Weiter zu Lektion zwei, die um einiges härter ist. Wie um alles in der Welt soll Charlie Brown es schaffen, Selbstvertrauen auszustrahlen?

Ungeahnte Talente

*E*in rumpelndes Geräusch dringt aus dem Wohnzimmer. Charlie Brown horcht auf. Was geht da vor sich? Zusammen mit Snoopy sieht er nach. Seine Schwester Sally trägt einen Cowboyhut und reitet auf einem Wischmopp durch den Raum. Dabei lässt sie über ihrem Kopf ein Lasso kreisen.

„Yee-ha, Pferdchen!", ruft sie.

„Was machst du da?", will Charlie Brown wissen.

„Ich werde ein Rodeo-Star beim großen Talentwettbewerb", verkündet Sally.

Sie hat sich das schon ganz genau ausgemalt: Sobald sie den ersten Preis gewonnen hat, wird jeder den Namen Sally Brown kennen. Bis dahin will sie noch et-was üben. Übermütig wirft sie das Lasso nach ihrem Bruder aus. Dann schwingt sie sich auf Snoopy. Nun soll er ihr Pferd spielen. Gemeinsam galop-pieren sie aus dem Zimmer. Sallys Vorhaben bringt auch Charlie Brown ins Grübeln. Eine Talentshow gewinnen … Diese Idee klingt großartig und ist doch exakt

das, was Lucy ihm geraten hatte. Dann hätte er endlich einen nachge-
wiesenen Erfolg und kann das Herz des kleinen rothaarigen Mädchens
erobern. Doch welches Kunststück soll Charlie Brown vorführen? An-
gestrengt denkt er nach. Er könnte ein Tischtuch von einem gedeckten
Tisch wegziehen, ohne dass dabei etwas zu Bruch geht. Er probiert es.
„Ta-da!", ruft er triumphierend.
Klirr! Oh! Überall liegt zerbrochenes Geschirr am Boden. Diesen Trick
sollte Charlie Brown wohl besser von seiner Liste streichen. Mit Snoopys Hilfe versucht er sich kurz darauf an Zauberkunststücken, die ihm
immer besser gelingen. Irgendwann ist Charlie Brown zufrieden mit
seiner Leistung.
„Wir sind bereit", sagt er.

Der Wettbewerb rückt näher. Eines Abends findet er schließlich in einem Theater statt. Im Orchestergraben stimmen die Musiker noch ihre Instrumente, als die ersten Zuschauer schon ihre Plätze einnehmen. Dann endlich erhellt Scheinwerferlicht die Bühne. Dort sitzt Schroeder an seinem Klavier. Für das Publikum spielt er ein Lied von Beethoven, was niemanden überrascht. Seit jeher verehrt Schroeder den Komponisten Beethoven aus tiefstem Herzen. Während alle der Musik lauschen, trifft Charlie Brown hinter den Kulissen ein. Er hat einige selbst gebaute Zauberkisten dabei. Außerdem hat er sich für den Talentwettbewerb extra einen Smoking angezogen. Feierlich legt er seinen Zylinder beiseite und spitzt durch einen Spalt im Vorhang. In der Menge entdeckt er das kleine rothaarige Mädchen.

„Sie ist da!", freut sich Charlie Brown. „Ich habe ein richtig gutes Gefühl, dass sie heute den neuen Charlie Brown sehen wird."

Lucy allerdings ist sehr überrascht über seine Anwesenheit. Wie kann ein Mensch mit so vielen Unzulänglichkeiten überhaupt an einem Talentwettbewerb teilnehmen?

Auf der Bühne folgt Darbietung auf Darbietung. Nach dem Auftritt von Peppermint Patty und Marcie wendet sich Franklin an Sally.

„Sally, du bist dran", sagt er. „Wir hinken etwas hinterher, also beeile dich!"

Lächelnd setzt Sally ihren Cowboyhut auf. Endlich ist ihr großer Moment gekommen! Als Musik erklingt, schwingt sie sich auf ihr gebasteltes Pferd aus Pappe und reitet los.

„Hü, Pferdchen!", ruft sie. „Yee-ha!"

Die Zuschauer lachen. Das verunsichert Sally sehr und sie wird zunehmend nervöser. Mit ihrem Lasso zielt sie auf eine Kuh, die ebenfalls aus Pappe ist. Kaum hat Sally sie eingefangen, fällt das Papptier mit einem dumpfen Laut zur Seite um. Nun herrscht Stille im Theater.

„Hey! Das ist kein echtes Pferd!", meckert Lucy.

Prompt verliert das gebastelte Tier auch noch seinen Kopf. Sally erstarrt wie ein Reh im Scheinwerferlicht. Kein Zweifel: Das Publikum ist von ihrem Auftritt überhaupt nicht begeistert. Somit will Franklin der peinlichen Vorstellung ein Ende bereiten. Doch Charlie Brown hält ihn zurück.

„Sie ist noch gar nicht fertig", verteidigt er seine Schwester.

„Wir haben nicht ewig Zeit. Entscheide dich – dein Auftritt oder ihrer", meint Franklin.

Zögernd blickt Charlie Brown zu Sally und sieht Tränen in ihren Augen glitzern. „Komm, Snoopy!", sagt er. „Wir müssen Sally helfen." Ohne zu überlegen, reißt er das Tischtuch von einem gedeckten Tisch herunter. Kein Gegenstand bewegt sich. Nichts geht zu Bruch. Egal!

In Windeseile schneidert sich Charlie Brown eine Maske, schneidet Löcher in seinen Smoking und stürmt auf die Bühne.

„Muuuuh!", macht er und gibt sich wirklich Mühe, wie eine echte Kuh zu wirken.

Das Publikum beginnt zu lachen. Alle stehen auf, um das ulkige Wesen noch besser sehen zu können. Nur Sally erkennt ihren maskierten großen Bruder.

„Was machst du da?", wispert sie ihm zu.

„Fang mich!", sagt er leise und muht noch lauter.

Als Snoopy mit Zaumzeug erscheint, begreift Sally endlich. Sie schwingt sich auf Snoopy und lässt das Lasso kreisen. Dann nimmt sie die Verfolgung auf. Jetzt kann nichts und niemand sie bremsen. Franklin springt aus der Bahn und zieht dabei versehentlich den Vorhang in die Höhe. Oh nein! Nun geht die wilde Jagd hinter den Kulissen weiter. Schützend wirft sich Schroeder vor sein Klavier. Marcie kann im letzten Moment verhindern, dass Peppermint Patty überrannt wird. Zurück auf

der Bühne fängt Sally ihren Bruder tatsächlich mit dem Lasso ein und verschnürt ihn in bester Rodeo-Manier. Die Menge spendet Beifall ohne Ende. Sally hat es wirklich allen gezeigt. Zweifellos ist sie das beste Lasso schwingende Cowgirl weit und breit.

„Danke, großer Bruder", flüstert Sally glücklich.

Nun wird auch dem Publikum klar, wer die ganze Zeit im Kuhkostüm steckte: Charlie Brown. Fotoapparate blitzen auf. Und so ziert am nächsten Tag ein Bild von Charlie Brown die Schülerzeitung. Jeder Schüler hält ein Exemplar in den Händen. Als Charlie Brown die Cafeteria der Schule betritt, schallt ihm obendrein von allen Seiten ein „Muuuh" entgegen.

„Sieh es positiv!", tröstet Linus. „Immerhin hast du es auf die Titelseite geschafft."

Doch nach dieser Aktion kann Charlie Brown das kleine rothaarige Mädchen unmöglich ansprechen. Er muss ganz dringend einen Neustart hinkriegen. Aber wie?

Der Vintertanz

Zu Hause liest Charlie Brown weiter in Lucys Ratgeber. Es kann doch nicht so schwer sein, ein Gewinner zu werden, oder? Da reißt Sally ihn aus der Lektüre und ruft ihn ans Telefon.

„Deine Freundin ist dran", sagt sie.
Panisch springt Charlie Brown auf. Seine Freundin? Sofort überschlagen sich seine Gedanken. Beim kleinen rothaarigen Mädchen bekommt er mit Sicherheit keinen einzigen Ton heraus. Doch am anderen Ende

der Leitung meldet sich nur Peppermint Patty. Sie hat Neuigkeiten für ihn. In wenigen Wochen findet der Wintertanz in der Schulturnhalle statt und Peppermint Patty organisiert das Buffet.

„Und ich habe dich für die Cupcakes eingetragen", erzählt sie.

„Du hast was?", fragt Charlie Brown nach. „Ich kann keine Cupcakes machen. Das Einzige, was ich ganz sicher weiß, ist, wie man Toast macht. Außerdem, warum sollte ich überhaupt zum Wintertanz gehen wollen?"

Peppermint Patty achtet gar nicht auf seinen Einspruch. „Toast und Cupcakes. Hört sich gut an. Wir sehen uns dort." Und schon hat sie aufgelegt.

Am Abend steht Charlie Brown an seinem Fenster. Das kleine rothaarige Mädchen tanzt gerade wie ein Engel durch ihr Zimmer. Plötzlich hat Charlie Brown eine Idee. Kurz darauf erfüllt laute Musik das Haus. Was soll dieser Lärm? Protestierend laufen Sally und Snoopy zu Charlie Brown. Sie erwischen ihn beim Tanzen. Verträumt hält er einen Wischmopp im Arm und wirbelt mit ihm wild durch den Raum. Offenbar verliert er dabei immer mehr die Kontrolle. Bei einer ausladenden Drehung reißt er schließlich eine Lampe um. Doch das kümmert ihn nicht.

„Sie tanzt gerne", sagt Charlie Brown und strahlt verliebt.

Seufzend geht Sally davon. Snoopy dagegen rupft Charlie Brown ruppig den Mopp aus den Händen. Ein richtiger Tanz muss anders aussehen.

Und so verwandelt sich Snoopy in einen spanischen Tänzer und verblüfft sein Herrchen mit einer hingebungsvollen Tanzeinlage. Wie gerne würde sich Charlie Brown auch so bewegen können!

Aus seiner Hundehütte holt Snoopy daraufhin seine Ausrüstung. Neugierig sieht Charlie Brown ihm zu, wie er Fußabdrücke auf dem Zimmerboden auslegt und auf diese Weise eine einfache Schrittfolge veranschaulicht.

„Eins-zwei-drei. Eins-zwei-drei." Charlie Brown bemüht sich, die Schritte nachzutanzen.

Immer wieder korrigiert Snoopy ihn dabei – die Arme höher, Rücken gerade, mehr Spannung im Körper.

Auch am nächsten Tag hält das Tanzfieber an. Überall übt Charlie Brown die Schritte. Sogar im Unterricht stehen seine Füße nicht still und bewegen sich verborgen unter der Bank im Takt. Eins-zwei-drei. Eins-zwei-drei. Irgendwann fühlt sich Charlie Brown bereit für die nächste Lektion.

„Wenn ich gewinnen will, muss ich mich noch steigern", meint er. Sogleich legt Snoopy weitere Fußabdrücke dazu. Die Abfolge ist nun richtig schwierig. Doch Charlie Brown tanzt sie fehlerlos. Dabei träumt er sich zum Fest. Er hat die Szene schon im Kopf, wie er und das kleine rothaarige Mädchen den Wettbewerb gewinnen. Und gemeinsam werden sie beim Siegestanz über das Parkett schweben. Huch! Erst jetzt bemerkt Charlie Brown, dass er aktuell kein Mädchen, sondern nur Snoopy im Arm hält. Verschmitzt küsst dieser ihm die Wange. Für seinen Einsatz verdient Snoopy wirklich Kekse zur Belohnung.

Endlich ist es so weit! In der Turnhalle der Schule ist alles für den Wintertanz geschmückt. Luftballons und Luftschlangen hängen von der Decke. Bunte Lichter bringen eine Discokugel zum Glitzern. Jedoch ist die Tanzfläche leer. Unschlüssig stehen sich Jungs und Mädchen gegenüber. „Warum tanzt denn niemand?", ruft Sally verärgert. „Es heißt Tanz!" Da bemerkt sie Linus, der sich hinter seiner Schmusedecke versteckt. Schwungvoll wickelt sie ihn darin ein und zerrt ihn so verschnürt aufs Parkett. Damit ist das Fest endgültig eröffnet.

Auch Charlie Brown ist mittlerweile eingetroffen. Ohne Cupcakes. Die hat Snoopy auf dem Weg schon alle unbemerkt verschlungen. Charlie Brown ist das egal. Glücklich entdeckt er das kleine rothaarige Mädchen in der Menge. Sie ist wirklich gekommen!

In diesem Moment meldet sich Moderator Franklin. Es wird Zeit für den spannenden Teil des Abends. Welches Mädchen gewinnt die erste Hälfte des Tanzwettbewerbes? Die Menge teilt sich in zwei Hälften. Ein Mädchen nach dem anderen betritt den Gang in der Mitte, um dort ihre besten Schritte vorzuführen. Wie toll sich das kleine rothaarige Mädchen bewegen kann! Alle sind von ihrem Auftritt begeistert. Und so überreicht Franklin ihr die Trophäe.

„Sie hat gewonnen", flüstert Charlie Brown und sein Lächeln wird immer breiter.

Der Anfang seines Traumes hat sich bereits erfüllt. Nun folgt allerdings der schwierigere Teil. Jetzt müssen die Jungs beweisen, was sie auf der Tanzfläche draufhaben. Auch Snoopy mogelt sich unter die Tänzer und zieht als Joe Cool die Aufmerksamkeit auf sich. Nervös wirft Charlie Brown noch einen letzten Blick auf seine Hand, auf der er sich die Schritte aufgemalt hat.

„Jetzt oder nie", spricht sich Charlie Brown selbst Mut zu. „Eins-zwei-drei-vier."

Und schon zeigt er alles, was Snoopy ihm beigebracht hat. Seine Bewegungen stecken die Menge sofort an. Von Schritt zu Schritt wird er mutiger. Ganz fest glaubt Charlie Brown an seinen Traum. Er will es schaffen. Er will es unbedingt!

„Sieht so aus, als hätten wir einen Gewinner", ruft Franklin aus dem Hintergrund.

Charlie Brown strahlt. „Es geschieht wirklich. Ich werde mit dem kleinen rothaarigen Mädchen tanzen."

Immer näher kommt er ihr. Charlie Brown schüttelt sein Bein für eine richtig tolle Show und – zack, schleudert er versehentlich seinen Schuh in die Luft. Dieser trifft genau die Feuerlöschanlage. Wasser regnet herab. Alle ergreifen augenblicklich die Flucht. Betrübt sieht Charlie Brown ihnen nach und bleibt als Letzter in der Turnhalle zurück. Zwischen der ruinierten Dekoration bemerkt er die beiden Trophäen. Der Anblick versetzt ihm einen Stich. „So hätte es nicht enden sollen", sagt er – todunglücklich.

Kampf um Fifi

Nach der missglückten Tanzveranstaltung gehen Charlie Brown und Snoopy schweigend nach Hause. Natürlich kreisen dabei die Gedanken von Charlie Brown um das kleine rothaarige Mädchen.

„Snoopy, es fühlt sich so an, als wäre sie mir ferner denn je", sagt er niedergeschlagen.

Welch hartes Schicksal! Und zugleich eine neue Inspiration für Snoopy. Auf seiner Hundehütte setzt er sich an die Schreibmaschine und tippt weiter an seinem Roman.

»Das Fliegerass erhob sich in die Lüfte und suchte unermüdlich nach der Dame, die sein Herz gestohlen hatte.

Mit seinem Hundehüttenflugzeug sauste er durch die Wolken. Endlich entdeckte er Fifi. Mit einem Looping versuchte er, sie zu beeindrucken. Tatsächlich gewann er ihre Aufmerksamkeit, und nicht nur das! Auch Fifi zeigte ihm ein Kunststück mit ihrer Maschine. Sie war wirklich eine grandiose Fliegerin. Immer wieder lächelten sich die beiden an.

Wie aus dem Nichts tauchte plötzlich der Rote Baron auf. Das Fliegerass konnte nicht widerstehen. Viel zu lange jagte er schon seinen Erzfeind und wollte ihn endlich zur Strecke bringen. Umgehend nahm er die Verfolgung auf. Nur leider machte der Rote Baron Jagd auf Fifi und fügte ihrer Maschine erheblichen Schaden zu.

Oh nein! Fifi fiel aus dem Cockpit!

Zum Glück trug sie einen Fallschirm. Das Fliegerass beschleunigte und eilte ihr zu Hilfe, doch der Rote Baron hatte Fifi ebenfalls im Visier. Mit dem Flügel seiner Maschine hakte er sich in Fifis Fallschirm. Nun hatte der Rote Baron die Hundedame in seiner Gewalt. Panisch drehte sich Fifi zum Fliegerass um. Ein letzter verzweifelter Blick von ihr, doch es war zu spät. Durch ein geschicktes Flugmanöver an einem Eisenbahntunnel setzte sich der Rote Baron von seinem Verfolger ab. Niedergeschlagen verbarg das Fliegerass sein Gesicht in den Händen.

Fifi war ferner denn je …«

Charlie Brown, das Genie

Am nächsten Tag fehlt das kleine rothaarige Mädchen in der Schule. Im Klassenzimmer starrt Charlie Brown immerzu auf ihren leeren Sitzplatz. Wo kann sie nur sein? Sein Freund Linus kennt die Antwort. Das kleine rothaarige Mädchen kümmert sich um ihre Großmutter, der es nicht gut geht, und kehrt erst am Montag wieder zurück. Charlie Brown ist schwer beeindruckt – vom Unterricht jedoch gar nicht.

„Nicht noch eine Buchbesprechung", stöhnen alle.

Für dieses Projekt soll jeder einen Partner ziehen. Lucy tritt ans Pult. Sie greift sich einen Zettel, liest den Namen darauf und wirft ihn weg. Sie zieht erneut und noch einmal und noch einmal, bis …

„Schroeder!", ruft sie glücklich.

Darauf hatte sie gehofft. Und siehe da, es hat einfach so sein sollen! Verzückt setzt sie sich neben Schroeder, der sich genervt hinter seinen Händen versteckt. Ob Charlie Brown bei der Wahl genauso viel Glück hat? Als Partner ist er schließlich nicht sehr beliebt. Er atmet tief durch, läuft nach vorne und sieht nach, welcher Name auf seinem Zettel steht.

„Das kleine rothaarige Mädchen", sagt er ganz leise zu sich selbst. „Mein Glückstag. Das ändert alles. Sie wird mein neues Ich sehen."

Nach der Stunde verliert er jedoch die Nerven. Im Flur schüttelt er panisch seinen Freund Linus.

„Du musst mir helfen, Linus!", fleht er. „Ich weiß nicht, ob ich damit umgehen kann, der Partner des kleinen rothaarigen Mädchens zu sein. Vielleicht bin ich noch nicht bereit für eine richtige Beziehung."

Linus sieht ihn verwirrt an. „Du hast noch kein einziges Wort mit ihr gesprochen und schon bist du verheiratet?"

„Ich war noch nie für irgendetwas verantwortlich", erklärt Charlie Brown aufgelöst. „Es könnte das Schlimmste sein, was ihr je zugestoßen ist."
Zur Beruhigung nimmt er den rosafarbenen Stift zur Hand. Diesen hütet

er wie einen Schatz, seit das kleine rothaarige Mädchen ihn verloren hatte und er in seine Richtung gerollt war. Dabei kommt ihm eine Eingebung. So kann er ihr Held werden! Während sie weg ist und ihre Großmutter pflegt, schreibt er einfach die Buchbesprechung für sie beide.

In diesem Moment geht ein Ruck durch die Schülerschar. Die Ergebnisse des jährlichen Tests sind da. Neugierig versammeln sich alle vor der Pinnwand in der großen Halle.
„Seht!", sagt Marcie. „Jemand hat alle Punkte!"
Das kann nicht sein! Noch nie hat ein Schüler alle Fragen richtig beantwortet. Charlie Brown will es mit eigenen Augen sehen. Auf der Suche nach seinem Namen setzt er den Finger ganz unten auf der Liste an und rutscht

immer höher. Ganz oben auf der Liste steht – Charlie Brown. „Ich?", sagt Charlie Brown verblüfft. „Das kann nicht stimmen."
Doch Linus deutet auf den Zettel. „Du hast wirklich alle Punkte."

Prompt folgt eine Durchsage von Franklin: Am Montagmorgen wird sich die gesamte Schule versammeln, um die herausragende Leistung von Charlie Brown zu feiern.

Nun ist nichts mehr, wie es einmal war. Alle behandeln Charlie Brown wie ein Genie. Ständig wird er um Rat gefragt und immer mehr Bewunderer folgen ihm auf Schritt und Tritt. Auch zu Hause hat Charlie Brown keine Ruhe mehr. Daran ist seine kleine Schwester Sally schuld. „Wenn wir Glück haben, sehen wir ihn in seinem natürlichen Lebensraum", sagt sie, als sie mal wieder eine Führung durch das Haus macht.

Die Besucher laufen ehrfürchtig von Raum zu Raum und fotografieren einen verschlafenen Charlie Brown in seinem Bett.
In der Schule tragen alle mittlerweile sein berühmtes Zick-Zack-Shirt. Sally schürt die Berühmtheit ihres Bruders, wo sie nur kann.

Doch Charlie Brown hat ganz andere Sorgen. Bis Montag soll die Buchbesprechung fertig sein. Er muss unbedingt das beste Buch aller Zeiten auftreiben. Marcie gibt ihm schließlich den entscheidenden Tipp.

„Krieg und Frieden" von Tolstoi. Oh Himmel, wie lange hat dieser Krieg denn bloß gedauert? Unter Einsatz aller Kräfte schleppt Charlie Brown den dicken Wälzer nach Hause. In seinem Sessel beginnt er zu lesen, während draußen noch einmal alle den Winter genießen, Schlitten fahren und Eishockey spielen. Doch Charlie Brown bleibt eisern. Er liest und liest und liest, sogar in der Badewanne und beim Zähneputzen. Endlich hat er es geschafft! Mitten in der Nacht setzt er sich an seinen Schreibtisch. Wenn das kleine rothaarige Mädchen ihn jetzt sehen könnte …

„Dies ist meine Buchbesprechung über ‚Krieg und Frieden'", bringt er zu Papier und zählt die Wörter. „Erst gab es einen Krieg. Dann gab es Frieden."

Wieder zählt er. 17 Wörter hat er bereits. Somit fehlen ihm nur noch 983. Kann er dieses Projekt überhaupt schaffen? Zweifelnd nimmt er den rosafarbigen Stift zur Hand und dreht ihn verliebt in seinen Fingern. Es muss ihm einfach gelingen!

Und tatsächlich setzt er am frühen Morgen seinen Namen unter den Aufsatz. 1000 Wörter – fertig!

Erschöpft legt er sich ins Bett, doch seine Schwester rüttelt ihn kurz darauf unsanft aus dem Schlaf.

„Wach auf, großer Bruder!", treibt sie ihn an. „Heute ist die Versammlung, um dein Ergebnis zu feiern."

In der Schule haben sich tatsächlich schon unzählige Schüler in der Aula eingefunden. Was Charlie Brown jedoch am meisten freut, ist die Rückkehr des kleinen rothaarigen Mädchens. Jetzt wird es passieren! Sie wird ihn wahrnehmen, weil er etwas Großartiges geleistet hat. Mit lobenden Worten holt Franklin Charlie Brown auf die Bühne. Die Menge jubelt. Überall blitzen Fotoapparate und Marcie tritt ans Mikrofon.

„Du bist der Erste, der jemals die volle Punktzahl erreicht hat", betont sie in einer Rede und erklärt diesen Tag zum „Charlie-Brown-Tag". Dann heftet sie ihm einen goldenen Anstecker ans gelbe Zick-Zack-Shirt. Alle erheben sich und spenden Applaus.

„Das ist mein großer Bruder!", ruft Sally stolz.

Feierlich überreicht Marcie den Test. Charlie Brown wird schlagartig blass. Ein Smiley lächelt ihm entgegen. Das ist nicht seine Arbeit. Er muss seinen Namen auf den falschen Zettel geschrieben haben.

Aber soll er das zugeben? Immer wieder pendelt sein Blick zwischen Papier und Publikum. Was wird das kleine rothaarige Mädchen von ihm halten, wenn er wieder als Versager dasteht?

„Äh …", stammelt Charlie Brown. „Bevor ich anfange, möchte ich mich bei euch allen für eure Unterstützung bedanken. So etwas passiert mir nicht oft."

Für diese Worte erntet er erneut tosenden Beifall.

„Aber hier ist ein Fehler passiert", sagt er dann. „Das ist nicht mein Test. Deshalb kann ich diese Auszeichnung nicht annehmen."

Augenblicklich wird es still in der Aula. Besonders Sally ist entsetzt von dem Geständnis ihres Bruders. „Können sich ein Bruder und eine Schwester scheiden lassen?", überlegt sie laut.

Auf der Bühne gibt Charlie Brown den Test und auch den goldenen An-stecker an Marcie zurück.

„Ich denke, das gehört Peppermint Patty", sagt er noch, ehe er den Saal verlässt – allein.

Im Pausenhof setzt sich Charlie Brown auf eine Holzbank. Traurig lässt er den Kopf hängen. Vor wenigen Minuten war er noch ein gefeierter Held gewesen, doch jetzt? Da nähert sich Linus.

„Das war sehr bewundernswert, was du eben getan hast, Charlie Brown", lobt er die Ehrlichkeit seines besten Freundes. „Vielleicht laufen die Dinge bald wieder so, wie du es dir wünschst."

Dabei fällt Linus' Blick auf die Buchbesprechung, die Charlie Brown gerade in seinen Händen hält. Neugierig beginnt er zu lesen und sein Blick wird immer erstaunter. Was Charlie Brown da verfasst hat, ist beeindruckend.

„Ihr beide gewinnt ganz sicher einen Preis für diese Buchbesprechung", meint Linus.

„Buchbesprechung?", fragt da plötzlich
ahnungslos das kleine rothaarige Mädchen
neben ihnen.
Panisch stülpt sich Charlie Brown eine
Papiertüte über.
„Hi!", sagt Linus. „Angesichts der Tatsache,
dass du weg warst, hat Charlie Brown es selbst
übernommen und den Aufsatz für euch beide
geschrieben."
Nach diesen Worten traut sich Charlie Brown
auch wieder unter der Tüte hervor.

Erst sieht er ein engelsgleiches Lächeln,
dann seinen Aufsatz in der Luft. Eine
Windböe treibt ihn höher und direkt vor
den Propeller eines Flugzeugs. Es regnet
Papierfetzen. Seine geniale Buchbesprechung ist für immer zerstört. Mit gesenk-
tem Kopf geht Charlie Brown davon und
lässt das kleine rothaarige Mädchen
einfach stehen.
Es ist hoffnungslos!

Snoopys Sieg

Angesichts so vieler Rückschläge hat Charlie Brown seine Mission aufgegeben. Auch in Snoopys Roman spitzt sich die Geschichte dramatisch zu. Zwar spürt das Fliegerass den Roten Baron wieder auf und verfolgt ihn tollkühn durch Paris. Doch bei seinem Manöver hinter feindlichen Linien wird lediglich sein Hundehüttenflugzeug beschädigt. Fifi kann er aus der Gefangenschaft nicht befreien. Somit ist Snoopys Stimmung am Boden.

Da bemerkt er Charlie Brown. Ein Junge fragt ihn gerade nach Tipps, wie man am besten einen Drachen steigen lässt.
„Gib niemals auf!", rät Charlie Brown.
Dieser Satz bringt Snoopy auf neue Ideen. Auf dem Dach seiner Hundehütte setzt er sich wieder an die Schreibmaschine und tippt los.

Kapitel sieben: Gib niemals auf!

»Das Fliegerass konnte Fifi nicht ihrem Schicksal überlassen. So setzte er alles daran, um seine Liebste zu retten. Unterstützt von seinen Freunden stürzte er sich in die entscheidende Schlacht. Schüsse peitschten durch die Luft. Im wilden Gefecht wurde auch der Zeppelin schwer getroffen, in dem der Rote Baron Fifi gefangen hielt. Die Pudeldame versuchte zu entkommen und kletterte ins Freie, doch dann verlor sie den Halt. Mit einem lauten Schrei sackte sie in die Tiefe und kam dem Boden immer näher. Da tauchte das Hundehüttenflugzeug auf und das Fliegerass fing seine Liebste in allerletzter Sekunde auf. Fifi war tief beeindruckt von seinem Mut. Verliebt setzten sie zur Landung an.«

Geschafft! Triumphierend zieht Snoopy das letzte Blatt aus seiner Schreibmaschine. Woodstock ist von diesem Meisterwerk begeistert. Sogleich bringt er die getippten Seiten zu Lucy. Ob ihr das Abenteuer genauso gut gefällt?
"Und so war unser Held dazu bestimmt, dem finsteren Roten Baron an einem anderen Tage gegenüberzutreten", liest Lucy den Schluss und lässt das Papier sinken. "Ein fliegender Hund? Das ist wirklich die dümmste Geschichte, die ich je gelesen habe."
So fliegt an dieser Stelle kein Hund durch die Luft, sondern eine Schreibmaschine – direkt in Lucys Richtung.

Bye-bye, Brieffreund!

Breiter könnte das Lächeln auf Sallys Gesicht kaum sein. Beschwingt verlässt sie an diesem Morgen das Haus und wendet sich an Charlie Brown.

„Es ist der letzte Schultag", schwärmt sie. „Ist das zu glauben, großer Bruder? Mein letzter Schultag! Nie wieder lesen, schreiben, rechnen – nie wieder!"

„Was redest du da?", entgegnet Charlie Brown. „Es beginnen doch nur die Sommerferien." Dann rechnet er Sally vor, wie viele Jahre ihr noch in der Schule bevorstehen werden.

Sally seufzt. „Vielleicht gehe ich einfach zum Zirkus."

Tatsächlich ist gerade ein Jahrmarkt in der Stadt, mit vielen Attraktionen und Fahrgeschäften. Umso ungeduldiger warten alle Schüler auf das Ende des Unterrichts. Linus tritt vor die Klasse und erinnert, dass sie noch ihre Partner für das diesjährige Brieffreunde-Projekt wählen müssen.

„Sobald ich einen Namen aufgeschrieben habe, steht ihr auf, wenn ihr diese Person als Partner haben möchtet", erklärt er.

Kaum fällt der Name „Schroeder", springt Lucy auf. „Ja, ich will", verkündet sie, so feierlich, als wäre dies ihre Hochzeit.

Danach beschriftet Linus eine weitere Karte und nennt die nächste Person. „Charlie Brown."

Schlagartig ist es still im Klassenzimmer. Alle ziehen die Köpfe ein. Niemand möchte Charlie Brown als Brieffreund haben.

„Ich will", meldet sich plötzlich eine sanfte Stimme und das kleine rothaarige Mädchen erhebt sich von ihrem Platz. Charlie Brown traut seinen Augen nicht. Sie hat wirklich ihn ausgewählt? Das ist schockierend und unglaublich verwirrend zugleich.

Am nächsten Tag kann sich Charlie Brown noch immer keinen Reim darauf machen. Nachdenklich lehnt er sich gegen eine Wand. Das Schuljahr war einfach katastrophal.

Warum entscheidet sie sich dennoch für ihn? Ausgerechnet für ihn? Bei Linus schüttet er sein Herz aus.

„Hatte sie Mitleid mit mir?", überlegt Charlie Brown. „Ich will nicht, dass sie mich nur genommen hat, weil ich ihr leidtue."

Linus weiß Rat. Genau genommen ist es ein Ratschlag, den er seinem besten Freund seit jeher gibt. Charlie Brown soll einfach zum kleinen rothaarigen Mädchen gehen und mit ihr reden.

„Ich weiß, Linus", seufzt Charlie Brown. „Ich hätte schon die ganze Zeit auf dich hören sollen."

Entschlossen läuft er los. Aus seinem Zimmer holt er noch schnell den rosafarbigen Stift und marschiert hinüber zum Haus des kleinen

rothaarigen Mädchens. Mit jedem Schritt klopft sein Herz schneller. Soll er es wirklich wagen oder besser umkehren? Nein! Dieses Mal kneift er nicht.

Ding-dong! Schon öffnet sich die Tür. Was er dann zu hören bekommt, versetzt ihn in Aufregung.

„Sie ist auf dem Weg ins Ferienlager?", wiederholt er. Er muss den Bus unbedingt noch erwischen, bevor sie losfährt. Doch das ist alles andere als einfach. Für Charlie Brown beginnt ein Spießrutenlauf mitten durch den Jahrmarkt. An Wurfständen fliegen ihm Bälle um die Ohren, Wasserfontänen treffen ihn und prompt landet er in einem Spiegelkabinett. Hoffentlich ist es noch nicht zu spät! In der Ferne sieht er Busse vor dem Schulgebäude. Charlie Brown rennt, so schnell er kann. Er nimmt eine Abkürzung, direkt durch die Nachbarschaft. Da klingelt ein Eiswagen. In Scharen strömen Kinder herbei und versperren ihm den Weg. Es scheint, als hätte sich die ganze Welt gegen ihn verschworen. Verzweifelt lässt Charlie Brown seinen Kopf an einen Baumstamm sinken. Er bittet doch nur einmal in seinem Leben um ein bisschen Unterstützung. Da segelt ein Drachen aus der Baumkrone. Sogleich wickelt sich die Schnur um die Beine von Charlie Brown. Oh nein!

„Nicht du auch noch!", schimpft Charlie Brown.

Doch eine Böe treibt den Drachen in die Lüfte. Charlie Brown wird mitgerissen. Und so fliegt er auf wundersame Weise über die wartende Menge vor dem Eiswagen, ehe er wieder auf den Boden kracht. Der Drachen löst sich und schwebt vor Charlie Brown her, der seinen Sprint in Richtung Schule fortsetzt.

Zur gleichen Zeit springt Lucy an ihrem Verkaufsstand auf. Ist das zu glauben? In der Ferne entdeckt sie Charlie Brown und einen fliegenden Drachen.

„Charlie Brown lässt einen Drachen steigen", ruft sie.

Das muss sich Lucy unbedingt aus der Nähe ansehen. Und sie ist nicht die Einzige, die das Unglaubliche bemerkt hat. Auch Peppermint Patty und Marcie laufen los und immer mehr Leute schließen sich ihnen an. Alle wollen bei der Großtat von Charlie Brown dabei sein.

Auf dem Schulhof erreicht Charlie Brown endlich den Bus, in den bereits die ersten Kinder steigen. Er ringt nach Atem. Der fliegende Drachen segelt weiter und stupst das letzte Kind in der Reihe an. Sogleich dreht es sich um.

„Oh! Hi Charlie Brown", sagt das kleine rothaarige Mädchen.

„Du erinnerst dich an meinen Namen?", entgegnet Charlie Brown verblüfft.

„Natürlich."

Mittlerweile sind auch die anderen Kinder eingetroffen und stellen sich hinter Charlie Brown auf. Dieser nimmt seinen ganzen Mut zusammen für die entscheidende Frage: Warum hat das kleine rothaarige Mädchen ihn als Brieffreund gewählt?

„Das ist einfach", lautet ihre Antwort. „Weil ich Menschen wie dich bewundere."

„Einen unsicheren, schwächlichen Versager?", fragt Charlie Brown. Daraufhin lacht das kleine rothaarige Mädchen. „Das bist du überhaupt nicht. Du hast Mitgefühl für deine Schwester gezeigt beim Talentwettbewerb. Aufrichtigkeit bei der Versammlung. Und auf dem Tanzfest warst du mutig und lustig zugleich. Und dass du für mich eine Buchbesprechung geschrieben hast, während ich weg war, das war so süß von dir. Wenn ich dich ansehe, sehe ich absolut keinen Versager."

Ergriffen von ihren Worten nicken nun auch alle Zuhörer. Charlie Brown lächelt. Als eine Hupe ertönt, zückt er den rosafarbigen Stift und überreicht ihn dem kleinen rothaarigen Mädchen.

„Oh, danke dir. Den habe ich schon überall gesucht", freut sie sich und steigt in den Bus, wo sie sich noch ein letztes Mal zu Charlie Brown umdreht. „Ich werde dir schreiben, Brieffreund."

Schon schließen sich die Türen und der Bus rollt davon. Umringt von seinen Freunden kann Charlie Brown gar nicht mehr aufhören zu lächeln.

„Es muss sich ziemlich großartig anfühlen, gerade Charlie Brown zu sein", meint Linus.

„Du hast es geschafft!", jubelt Pig Pen.

Auch die anderen überhäufen ihn mit Glückwünschen.

„Ich bin so stolz, deine kleine Schwester zu sein", meint Sally.

„Du hast mir eine ganz neue Seite von dir gezeigt", lobt sogar Lucy.

„Guter alter Charlie Brown."

Lachend heben sie Charlie Brown auf ihre Schultern.

Es lohnt sich also, seine Träume niemals aufzugeben!

Adventskalenderbuch

ISBN: 978-3-86318-234-2

Rätselblock Classic

GTIN: 4260324690219

Freundealbum Classic

GTIN: 4260324690141